W0195404

Rosemarie Portmann

Die 50 besten
Spiele für ein faires
Miteinander

DON BOSCO *MiniSpielothek*

Gerne nehmen wir Ihre Anregungen,
Wünsche, Kritik oder Fragen entgegen:
Don Bosco Medien GmbH, Sieboldstraße 11, 81669 München
Servicetelefon: (0 89) 4 80 08-341

Bibliografische Information der Deutschen Nationalbibliothek

Die Deutsche Nationalbibliothek verzeichnet diese Publikation
in der Deutschen Nationalbibliografie; detaillierte bibliografische
Daten sind im Internet über http://dnb.d-nb.de abrufbar.

1. Auflage 2012 / ISBN 978-3-7698-1922-9
© 2012 Don Bosco Medien GmbH, München
www.donbosco-medien.de
Umschlag und Illustration: Manfred Lehner, Blue Cat Design
Layout: Alexandra Paulus
Produktion: Don Bosco Druck & Design, Ensdorf

Gedruckt auf umweltfreundlichem Papier

Inhalt

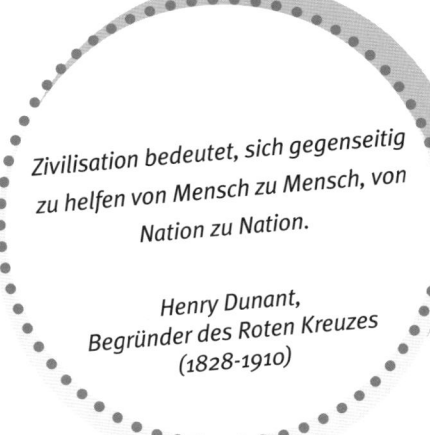

Zivilisation bedeutet, sich gegenseitig zu helfen von Mensch zu Mensch, von Nation zu Nation.

Henry Dunant,
Begründer des Roten Kreuzes
(1828-1910)

Spiele zum fair Denken und Einfühlen

 # Fair oder unfair?

Im Raum werden drei Bereiche abgeteilt. Ein Bereich wird mit einer grünen Karte gekennzeichnet, der zweite mit einer roten und der dritte mit einer gelben Karte. Die Spielleiterin nennt nun nacheinander verschiedene Verhaltensweisen und fragt: „Fair oder unfair?" Entscheiden die Kinder sich für fair, laufen sie in den grünen Bereich, entscheiden sie sich für unfair, laufen sie in den roten Bereich, können sie sich nicht entscheiden, laufen sie in den gelben Bereich.

Beispiele

Sich vordrängeln – beim Wettlauf gewinnen – bei einem Spiel mogeln – Handspiel beim Fußball – abschreiben – nicht abschreiben lassen – einen Schwächeren auslachen – etwas besser können als andere usw.
Die Beispiele sollten nicht nur aus dem Sport, sondern aus dem gesamten Alltag der Kinder kommen.

Die Spielleiterin notiert, wie viele Kinder sich jeweils für welchen Bereich entscheiden. Abschließend wird besonders über die Verhaltensweisen diskutiert, die unterschiedlich beurteilt wurden.

 # Faires Standbild

Die Kinder erinnern sich an eigene faire und unfaire Erlebnisse und stellen sie dann dar. Dafür bilden die Kinder Paare oder Kleingruppen. Jedes Paar oder jede Kleingruppe stellt eine unfaire Situation (z. B. jemandem ein Bein stellen) oder eine faire Situation (z.B. beim Fußballspiel über ein Kind springen, das hingefallen ist) dar.

Die Darstellung wird für kurze Zeit als „Standbild" eingefroren. Die Standbilder können auch mit einer Digitalkamera festgehalten werden.

Die zuschauenden Kinder raten, was dargestellt wurde. Ist das Standbild gelungen? Kennen alle Kinder die dargestellte Situation? Haben sie selbst so etwas schon erlebt? Wie ist es ihnen dabei ergangen?

 # Fairplay-Bericht

Die Kinder sitzen im Stuhlkreis. Die Gruppe wird in drei bis vier Kleingruppen geteilt. Jede bekommt ein Wort zugeteilt, z.B.: Verlierer – unfair – Trick – hinterlistig. Die Spielleiterin erzählt nun eine Geschichte über ein faires oder unfaires Ereignis, am besten über ein Ereignis, das so oder ähnlich in der Gruppe vorgekommen ist. Wird „ihr" Wort in der Geschichte genannt, muss die Kleingruppe schnell aufstehen, sich um die eigene Achse drehen und sich wieder hinsetzen. Sagt die Spielleiterin das Wort „Fairplay", stehen alle auf und machen das Victory-Zeichen.

Das habe ich noch nie gemacht

Die Gruppe sitzt im Kreis. Ein Ball wird hin und her geworfen. Die Spielleiterin fängt an und nennt eine unfaire Verhaltensweise, die nahezu jedes Kind schon mal gemacht hat, aber nicht gerne zugibt. „Das habe ich noch nie gemacht ...“ Das Kind, das den Ball fängt, muss immer erwidern: „Aber ich“, unabhängig davon, ob es das wirklich schon mal gemacht hat oder nicht. Dann wirft es den Ball mit einer neuen Aussage einem anderen Kind zu.

Beispiel

Die Spielleiterin beginnt: „Ich habe noch nie einen Freund belogen.“ Das Kind, das den Ball fängt, antwortet: „Aber ich.“ Es wirft der Ball weiter, dabei sagt es: „Ich habe noch nie gepetzt.“ Das Kind, das den Ball fängt, antwortet: „Aber ich.“ Usw.
Im Abschlussgespräch werden Fragen thematisiert wie: Wie haben sich die Kinder während des Spiels gefühlt? Haben sie manchmal auch die Wahrheit gesagt?

Wie schwer ist es, unfaires Verhalten zuzugeben? Warum ist das so?

Material

ein Ball

 # Fair sein ist, wenn ich ...

Die Kinder sitzen im Kreis und ergänzen reihum den Satz „Fairsein ist, wenn ich ...". Jedes Kind sollte dabei eine neue Ergänzung nennen.

„Fair sein ist, ...
- ... wenn ich beim Fußball auf den Schiedsrichter höre.
- ... wenn ich nicht wütend werde, wenn ich bei einem Spiel verliere.
- ... wenn ich mich nicht über Schwächere lustig mache.
- ... wenn ich auch die mitspielen lasse, die ich nicht so mag."

Nach Abschluss der Runde stehen die Kinder auf, fassen sich an den Händen und bekräftigen ihr Fairsein gemeinsam mit einem laut und deutlich ausgesprochenen Fairplay-Spruch.

Beispiele für Fairplay-Sprüche

- Wir spielen fair – das freut uns sehr.
- Fair sein braucht Mut – aber fair sein tut gut.
- Hört mal alle her – wir spielen fair.

Noch schöner ist es, wenn die Gruppe selbst einen eigenen Spruch für sich erfindet.

 # Ich werde unfair, wenn ...

Es gibt viele Auslöser für unfaires Verhalten. Dieses Spiel kann helfen, sie bewusst zu machen. Die Gruppe steht oder sitzt im Kreis. Von Kind zu Kind wird ein Ball geworfen. Die Spielleiterin beginnt:

„Ich werde unfair, wenn ... ich beschimpft werde."

Dann wirft sie den Ball einem Kind zu. Das sagt z.B.:

„Ich werde unfair, wenn ... ich unbedingt gewinnen will."

Es sollten möglichst viele verschiedene Auslöser genannt werden. Die Aussagen müssen nicht „wahr" sein. Kinder, die sich dennoch nicht äußern möchten, können den Ball aber auch wortlos weiter werfen.

Anschließend überlegt die Gruppe gemeinsam:

Was kann man tun, um bei solchen Gelegenheiten nicht unfair zu werden?

Material

ein Ball

 # Redensarten umsetzen

Die Kinder setzen Redensarten, die etwas mit fairem oder unfairem Verhalten zu tun haben, pantomimisch in Bewegung um oder stellen sie zeichnerisch dar und sprechen anschließend über ihre Bedeutung.

Beispiele

- das Bein stehen lassen
- sich mit fremden Federn schmücken
- jemandem den Vortritt lassen
- jemanden über den Tisch ziehen
- jemanden auf eine falsche Fährte locken
- für jemanden die Kastanien aus dem Feuer holen
- jemandem in die Suppe spucken

 # Nesträuber

Drei bis vier Kinder bilden jeweils eine Elster-Familie. Für jede Familie wird ein „Nest" abgeteilt (mit Kreide o.Ä.). Nach einem Startzeichen sammeln nun alle Eltern für ihre Elsterfamilie in ihrem Nest Vorräte bzw. „Diebesgut": jede Menge Kleinteile, Steinchen, Murmeln, Nüsse, Kronkorken etc., die vorher extra ausgebreitet wurden oder sowieso vorhanden sind. Sie dürfen dafür nur Dinge sammeln, die noch nicht im Nest einer anderen Familie liegen – bis auf eine Ausnahme: jede Familie bestimmt, ohne dass die anderen Familien es bemerken, einen „Nesträuber", der sich auch Vorräte aus den Nestern der anderen beschaffen darf. Gewonnen hat die Elster-Familie, die in einer bestimmten Zeit die meisten Dinge gesammelt hat.
War dieses Spiel fair oder doch eher nicht?

Kreide o.Ä., Steinchen, Murmeln, Nüsse und andere Kleinteile

 # Wolf im Schafspelz

Alle Kinder sitzen im Kreis. Sie sind die Schafe. Die Spielleiterin tippt unauffällig einem Kind auf die Schulter, dieses weiß nun: es ist der Wolf im Schafspelz. Dann erzählt die Spielleiterin eine Geschichte von Schafen. Wenn sie ruft: „Alle Schafe auf die Weide!", gehen die Schafe auf allen Vieren im Kreis umher und blöken wie Schafe. Plötzlich gibt sich der Wolf im Schafspelz zu erkennen. Er ruft: „Ich bin der Wolf!", und beginnt die Schafe zu jagen. Diese flüchten auf die Stühle. Dort sind sie sicher vor dem Wolf. Schafe, die der Wolf erwischt, fallen „tot" um.

Abschließend wird darüber gesprochen: Wie fühlte sich der Wolf? Wie fühlten sich die Schafe?

Haben die Kinder schon echte Situationen erlebt, wo jemand ihr Vertrauen missbraucht hat und plötzlich unfair wurde? Wie ging es ihnen dabei? Wie haben sie sich dabei verhalten?

 # Wasserstaffel

Dies ist ein Spiel für gutes Wetter im Freien. Die Kinder bilden drei gleich große Teams, die gegeneinander spielen. Es wird eine Laufstrecke abgesteckt: vor jedem Team steht eine Dose und in einiger Entfernung je ein Eimer.

Das erste Kind jeder Staffel rennt auf das Startkommando der Spielleiterin zu dem Eimer, schöpft daraus Wasser und entleert es in die Dose. Dort startet dann das nächste Kind usw. Allerdings erhalten die Staffeln unterschiedliche Behältnisse zum Wassertragen: die erste Staffel schöpft das Wasser mit einem flachen Teller oder einer Untertasse. Die zweite Staffel erhält ein Tuch (das Tuch kann über der Dose zusätzlich zum Ausschütten auch noch ausgewrungen werden). Die dritte Staffel schöpft und trägt das Wasser mit den bloßen Händen.

Das Spiel ist beendet, wenn die Dose gefüllt ist oder eine bestimmte Zeit verstrichen ist. Gewonnen hat das Team, das das meiste Wasser in seine Dose getragen hat.

Welches Team hat das meiste Wasser getragen? Warum? Wie fair oder unfair ist dieses Spiel? Nach der

Diskussion wird die Wasserstaffel noch einmal mit den gleichen Schöpfhilfen für alle Teams gespielt.

Material

Wassereimer, Dosen, Teller oder Untertassen, Tücher

Spiele zu Perspektivwechsel und Achtsamkeit

 # Suche nach dem Superstar

Die Rolle eines Kinderstars in einem Film ist zu besetzen. Jeweils zwei Kinder bewerben sich. Jedes Kind hält nun eine Vorstellungs-Rede, in der es die Vorzüge des anderen Kindes preist und auch seine eigenen Mängel erwähnt, die es vielleicht nicht so geeignet machen.

Die Gruppe ist die Jury. Wer von den beiden Kindern hat am überzeugendsten über Eignung und Fähigkeit des anderen gesprochen? Welches der Kinder sollte die Rolle bekommen?

Wie ist es den Kindern dabei ergangen, wenn sie Konkurrenten um eine Rolle, die sie selbst gerne hätten, loben müssen?

 # Seitenwechsel

Die Gruppe teilt sich in zwei gleich große Kleingruppen, die sich in zwei Reihen einander gegenüber aufstellen.

Auf ein „Los" der Spielleiterin wechselt jedes Kind seine Seite. Es geht zur gegenüberliegenden Seite, ohne das ihm entgegenkommende Kind oder ein anderes Kind zu berühren. Auf ein neues „Los" wird wieder zurück gewechselt. Die Aufforderung zum Seitenwechsel sollte immer schneller gegeben werden – dadurch wird das Spiel immer schwieriger.

Ziel des Spiels ist, aufeinander acht zu geben und Rücksichtnahme zu üben.

Variation

Noch schwieriger wird der Seitenwechsel ohne Berührung, wenn die Kinder dabei die Augen geschlossen halten sollen.

 # Taxi fahren

Jeweils zwei Kinder fahren miteinander Taxi. Ein Kind, der Taxifahrer, steigt zuerst in den Reifen und hält diesen waagerecht vor sich. Dann schlüpft das zweite Kind, der Fahrgast, zu ihm in den Ring. Beide müssen nun zusammen eine vorgeschriebene Strecke „fahren". Beim Fahren muss der Taxifahrer darauf achten, dass sein Fahrgast nicht den Reifen, d.h. die Karosserie des Taxis, berührt.

Die Taxifahrt beginnt langsam und sollte dann immer schneller, so schnell wie möglich werden. Nach Abschluss der Taxifahrt werden die Rollen gewechselt.

Als „Taxifahrer" können die Kinder lernen, vom anderen her zu denken und Rücksicht zu nehmen.

Material

ein Hula-Hoop-Reifen

 # Hilfe-Nachlauf

Die Kinder spielen Nachlaufen. Dabei ist ein Kind der Fänger und das Kind, das gefangen wurde, versteinert jeweils. Es kann befreit werden, wenn ein anderes Kind es anfasst und mit ihm gemeinsam weiterläuft. Für den Retter vergrößert sich dadurch allerdings die Gefahr, selbst gefangen zu werden, weil ein Paar unbeweglicher ist als ein Einzelner.

Auch gefangene Paare versteinern – sie können aber nicht mehr befreit werden. Gewonnen hat das einzelne Kind oder das Paar, das bis zum Schluss vom Fänger nicht erwischt wurde.

Wie verläuft das Spiel: Befreien die Kinder die anderen und helfen den Versteinerten? Oder sind sie mehr darauf bedacht, selbst zu gewinnen?

 # Bodyguards

Die Kinder stehen im Kreis. Zwei Kinder gehen in die Kreismitte. Eins davon ist mit einem roten Tuch oder Band gekennzeichnet. Die Kinder im Außenkreis bemühen sich nun, dieses Kind mit dem Ball abzuwerfen, während das zweite Kind versucht, es vor dem Ball zu schützen.

Nach einer bestimmten Zeit werden die Rollen getauscht.

Variation

Bis auf zwei stehen alle Kinder im Kreis und fassen sich dabei an den Händen. Ein Kind geht in die Mitte. Es soll „beschützt" werden und zwar vor einem anderen Kind, das außerhalb des Kreises bleibt. Dieses Kind muss versuchen, das Kind im Kreis zu berühren. Die anderen versuchen das durch Bewegungen des Kreises zu verhindern. Sie dürfen dabei niemals ihre Hände loslassen, mit den Füßen treten, ein Bein stellen o.Ä.

Wie schwierig ist es, die Balance zwischen Beschützen des einen Kindes und Abwehren des anderen Kindes zu halten?

Material

ein leichter Ball, ein rotes Tuch oder rote Armbinde

 # Wer hilft?

Die Kinder werden mit farbigen Bändern gekennzeichnet, jeweils eine Kleingruppe mit einem roten, blauen, grünen, gelben Band usw. Dann bewegen sich alle Kinder frei im Raum. Dazu kann auch Musik abgespielt werden. Während die Kinder umhergehen, müssen sie bestimmte Aufgaben erfüllen wie ein Rätsel raten, eine einfache Rechenaufgabe lösen o. Ä. Wer nach allen Spielrunden die meisten Aufgaben erfüllt hat, hat gewonnen. Während alle eifrig die Lösung für ihre Aufgabe suchen, ruft die Spielleiterin eine bestimmte Farbe dazwischen. Die Kinder mit dieser Farbe müssen sich fallen lassen und nach Hilfe rufen. Die anderen Kinder können sie „retten", sodass sie wieder mitspielen können, indem sie auf sie zugehen und ihnen aufhelfen.

Wie verhalten sich die „Retter"? Helfen sie sofort? Helfen sie, auch wenn sie dadurch ihre Aufgabe nicht erfüllen können? Erledigen sie erst ihre Aufgabe und „retten" dann? Warten sie ab, ob sich nicht andere vorher um die „gefallenen" Kinder kümmern? Helfen sie gar nicht? Wie fühlen sich die Kinder, nachdem das Spiel zu Ende ist?

Material

farbige Armbinden

 Sanitäterspiel

Zwei Gruppen spielen gegeneinander. Der Raum wird in zwei Hälften geteilt. An jedem Spielfeldende wird mit einer Decke oder einer Matte eine „Krankenstation" markiert. Jedes Kind erhält einen Softball. Sind nicht genügend Bälle vorhanden, können auch aus Papier Bälle zusammengeknüllt werden. Mit den Bällen versuchen die Kinder, möglichst viele Kinder der anderen Mannschaft zu treffen. Dafür werden die Bälle im Spiel immer wieder aufgehoben und erneut geworfen. Wer getroffen ist, muss sich auf den Boden legen. Wenn ein „getroffenes Kind" aber von zwei „Sanitätern" – gleich aus welcher Mannschaft – ins Krankenhaus gebracht wird, darf es nach einer kurzen Erholungspause wieder aufstehen und weiter mitspielen. Während die Sanitäter helfen, dürfen sie nicht beworfen werden. Die Gruppe kann entscheiden, ob Kinder, die diese Regel missachten, weiter mitspielen dürfen oder ausscheiden müssen.

Material

ein Softball oder ein Ball aus Zeitungspapier für jedes Kind, Armbinden o.Ä. für die Hälfte der Kinder

 Sumpfüberquerung

Die Kinder bilden Kleingruppen. Jede Kleingruppe steht auf einer Decke oder einer Zeitung. Von da aus werfen die Kinder eine zweite Decke oder Zeitung, sodass sie sie noch erreichen können. Dann springen alle Kinder hinüber. Dabei helfen sie sich gegenseitig, damit keins von ihnen in den Sumpf fällt. Dann ziehen sie die erste Decke oder Zeitung heran, werfen sie gemeinsam wieder nach vorne usw. bis der Sumpf überquert ist.

Sind die Gruppen mit allen Kindern gut über den Sumpf gekommen? Welche Gruppe hat es am schnellsten geschafft?

Material

mehrere Decken oder Zeitungen

 Bis hierher und nicht weiter

Manchmal merken Kinder nicht, wenn sie in der körperlichen Auseinandersetzung mit anderen Grenzen überschreiten und etwas tun, was das andere Kind nicht will. Sie müssen lernen, die Gefühle und die Befindlichkeit anderer wahrzunehmen und zu achten.

Die Gruppe sollte verbale und non-verbale Stopp-Signale, die in jedem Fall zum Aufhören der Auseinandersetzung führen müssen, beschließen und einüben. Die Kinder überlegen gemeinsam – und probieren aus – welche Signale das sein können.

Beispiele

Verbal: laut Stopp rufen, Halt schreien
Non-verbal: die Hand heben, den Kopf schütteln

 # Was du nicht willst, das man dir tu ...

Die Kinder überlegen gemeinsam, was ihnen nicht getan werden sollte. Sie können dazu auch Bilder malen oder ausschneiden und aufkleben. Die Lösungen werden aufgeschrieben, z.B.:

- nicht auslachen
- nicht mobben
- nicht prügeln
- nicht verpetzen

Anschließend sollten dazu positive Verhaltensweisen formuliert werden wie:

- freundlich sein
- einander beschützen
- mit Worten streiten
- einander helfen

Aus den Verhaltensweisen kann ein „Wochenmotto" ausgesucht werden. Es wird am Anfang einer Woche im Raum deutlich sichtbar aufgehängt und sollte in dieser Woche in besonderem Maße bewusst eingehalten werden. Zum Wochenschluss wird überlegt, ob und wie gut das gelungen ist.

Spiele zu Perspektivwechsel und Achtsamkeit

Plakatkarton, dicke Stifte, Malutensilien

 Spiele zur Impulskontrolle und Rücksichtnahme

 Da werd ich zum Tier

Die Kinder stellen sich eine Situation vor, in der sie einmal richtig wütend waren. Sie malen ihre Wut als Tier, als Monster oder als ein anderes Fabelwesen mit bunten Farbstiften oder Wachsmalkreiden auf ein großes Blatt Papier.

Das Malen und das anschließende Gespräch über die Bilder kann helfen, sich über die Auslöser und den eigenen Umgang mit Wut klarer zu werden.

Variation

Die Kinder stellen sich nicht nur ihre Wut als Tier vor, sie „kämpfen" dann auch wie wilde Tiere miteinander. Sie begegnen einander aggressiv, ohne sich zu berühren. Sie fletschen die Zähne, brüllen, gebärden sich bedrohlich, stampfen mit den Füßen, zeigen ihre Krallen usw. Nach einer bestimmten Zeit wird der Kampf beendet und darüber diskutiert.

Ein solcher „Stellvertreter-Kampf" kann ausgesprochen entspannend und entlastend wirken.

Material

Papier und Farbstifte oder Wachsmalkreiden

 Dampf ablassen

Zwei Kinder, die sich gestritten haben, wütend aufeinander sind und (noch) nicht miteinander sprechen können, schlagen eine Minute lang mit Schaumstoffschlägern o.Ä. aufeinander ein. Alle anderen Kinder sitzen im Kreis um die beiden herum. Die Kinder mit den Schaumstoffschlägern in der Kreismitte können sich von ihrer Wut befreien und Dampf ablassen, ohne sich gegenseitig zu verletzen. Nicht selten beginnen die Kinder beim „Schlagabtausch" zu lachen.
Anschließend setzen sich die beiden uneinigen Kinder einander gegenüber. Sie überlegen gemeinsam mit der Gruppe, ob noch etwas zu klären ist oder wie sie ihren Streit friedlich beenden können.

Material

Schaumstoffschläger

Wutwörter

Schimpfen entlastet. Auch mit Worten kann man Dampf ablassen. Aber statt der geläufigen verletzenden Ausdrücke, erfinden die Kinder neue Wutwörter, die sie stattdessen benutzen können. Die Gruppe sitzt im Kreis. Reihum kreiert jedes Kind ein neues Wutwort.

Beispiele

Du matschige Erdbeere, du platter Reifen, du rostiger Nagel, usw.
Nicht selten geht eine solche Runde in befreiendes Gelächter über – und die erste Wut ist schon mal verflogen.

Variation

Die „alten" Wutwörter werden einzeln auf Zettel geschrieben. Die Zettel werden anschließend in möglichst winzige Stücke gerissen, ganz tief im Papierkorb versenkt und damit weggeworfen.

 Zeige, was du fühlst, wenn ...

Um fair miteinander umzugehen, ist es wichtig, die eigenen Gefühle angemessen ausdrücken und die der anderen wahrnehmen und deuten zu können.
Die Kinder bewegen sich frei im Raum. Auf Zuruf der Spielleiterin sollen sie pantomimisch, d.h. wortlos nur durch Körperbewegungen und Mimik zeigen, was sie fühlen.

Beispiele

„Zeige, was du fühlst, wenn ...
- ... du angerufen wirst und jemand lädt dich um Geburtstag ein.
- ... du siehst, wie ein großer Hund auf dich zuspringt.
- ... du einen lustigen Film siehst.
- ... du einen Freund triffst, der über dich eine Lügengeschichte verbreitet hat.
- ... du bei einem Wettbewerb verloren hast.
- ... du ausgelacht wirst."

Solche Übungen verlangen ein hohes Maß emotionaler Beteiligung. In der Gruppe muss deshalb so viel Vertrauen herrschen, dass niemand Angst haben muss, sich lächerlich zu machen. Abschließend wird über die Erfahrungen der Kinder beim Spiel gesprochen.

 # Höhenflug

Die Kinder bilden Kleingruppen. Jede Gruppe erhält einen Luftballon, den sie so oft wie möglich hoch in die Luft spielen soll, ohne ihn zwischendurch zu fangen oder zu Boden fallen zu lassen. Dabei darf kein Kind den Luftballon zweimal hintereinander berühren. Jeder Ballonkontakt ergibt einen Punkt. Die Punkte zählen allerdings erst, wenn jedes Kind der Gruppe den Luftballon mindestens einmal berührt hat.

Die Anzahl der Kinder in der Gruppe sollte zunächst nicht größer als 5 sein. Nach und nach kann die Gruppe vergrößert werden – dadurch wird es immer schwieriger, die Regel einzuhalten und fair zu bleiben.

Das Spiel hilft, wenn einzelne Kinder sich immer vordrängeln müssen. Impulskontrolle und das Einhalten von Spielregeln können spielerisch geübt werden.

Material

Luftballons

 # Schummeln verboten

Jedes Kind versucht jedes andere Kind mit einem (leichten) Ball abzuwerfen. Dafür hebt es immer wieder einen zu Boden gefallenen Ball auf. Das gleiche Kind darf nicht zweimal hintereinander getroffen werden. Jedes Kind zählt selbst seine Treffer. Nach 2-3 Minuten pfeift die Spielleiterin das Spiel ab. Welches Kind hat die meisten Treffer?

Damit sich alle auch wirklich anstrengen, kann eine Bestenliste geführt oder ein kleiner Preis ausgelobt werden.

Haben die Kinder korrekt gezählt? Waren alle fair? Gegebenenfalls: Warum nicht? Was müsste passieren, damit es fair zugeht?

Material

ein leichter Ball oder ein Ball aus Zeitungspapier für jedes Kind

 # Zeitlupenspiele

„Kämpfen" im Zeitlupentempo eignet sich gut zur Aggressionskontrolle.

Zwei Kinder ringen miteinander in Zeitlupe. Die Spielleiterin läutet wie ein echter Schiedsrichter mit einem Gong die Runden ein und entscheidet nach einer vorher festgelegten Rundenzahl, wer gewonnen und wer verloren hat. Gewonnen hat, wer am besten ausgehalten hat, nicht ungestüm zu werden.

Variation

Mehrere oder alle Kinder spielen im Zeitlupentempo eine (Wettkampf-) Szene, z.B. ein Fußballspiel, das Warten auf den Bus oder – im Winter – eine Schneeballschlacht.

Material

Gong

 # Störenfriede

Die Kinder setzen sich in einen Halbkreis. Zwei Kinder sitzen ihnen gegenüber. Eines der Kinder nimmt sich eine Aufgabe vor, z.B. ein Bild malen oder ausmalen, ein Bilderbuch betrachten oder, wenn es schon lesen kann, einen Text lesen, eine Rechenaufgabe oder ein Rätsel lösen.

Das andere Kind muss alles versuchen, das Kind von seiner Aufgabe abzulenken und es daran zu hindern, dass es arbeiten kann. Es darf das Kind ansprechen, etwas fragen, lachen, singen oder andere Geräusche machen. Verboten sind: anfassen, die Augen zuhalten, sich ins Licht stellen, aggressiv werden.

Spätestens nach zwei Minuten wird das Spiel beendet. Hat das arbeitende Kind es geschafft, sich nicht stören zu lassen? Was hat es am meisten gestört? Was hat es als unfair empfunden? Was als fair?

Anschließend tauschen die Kinder ihre Rollen.

 # Ochs am Berg

Auch dieses altbekannte Kinderspiel eignet sich gut dazu, das eigene Ungestüm kennen und bremsen zu lernen.

Ein Kind wird zum „Ochs" gewählt. Es stellt sich mit dem Gesicht an eine Wand. Die anderen Kinder stehen im Abstand von einigen Metern in einer Reihe hinter ihm. Sobald das Kind an der Wand ruft: „Ochs am Berg", laufen die Kinder so schnell wie möglich zu ihm hin. Hat es seinen Spruch gesagt, dreht es sich um. Dann müssen alle Kinder bewegungslos stehen. Wird ein Kind aber doch vom „Ochs" bei irgendeiner Bewegung überrascht, muss es an die Ausgangslinie zurück. Gewonnen hat das Kind, welches als Erstes beim „Ochs am Berg" angekommen ist. Der „Ochs" kann seinen Spruch so schnell oder so langsam aufsagen und sich danach so schnell oder so langsam umdrehen, wie er möchte.

Blindenfußball

Die Kinder bilden Paare. Dem einen Kind werden die Augen verbunden. Dann fassen sich die beiden Kinder an den Händen. Und nun spielen zwei Paare gegeneinander Fußball. Dafür wird ein nicht zu großes Spielfeld und auf jeder Seite ein Tor markiert. Ziel ist es, während einer vorgegebenen Zeit möglichst viele Tore zu schießen. Schießen darf allerdings nur das „blinde" Kind. Das andere darf ihm sagen, wo es lang gehen, wie es reagieren soll, wann es schießen soll, darf aber nicht selbst den Ball spielen.
Wie schwer ist es für das „sehende" Kind sich zurückzuhalten, auch wenn es noch so gute Torchancen hat und das „blinde" Kind sie nicht wahrnimmt?

Variation

Ist das Spiel eingeübt, können auch Mannschaften aus mehreren Paaren gegeneinander spielen.

Material

ein Soft- (Fuß-) Ball, Augenbinden

Spiele zu Sieg und Niederlage

 # Plätze wechseln

Die Kinder sitzen im Kreis. Die Spielleiterin oder ein Kind stehen in der Mitte. Sie geben die Anweisung zum Plätze wechseln:

„Alle wechseln die Plätze, die schon mal ...

- ... einem andern ein Bein gestellt haben.
- ... hinter dem Rücken des Schiedsrichters unfair waren.
- ... trotz aller Anstrengung nicht gewonnen haben.
- ... bei einem Spiel verloren haben."

In einer zweiten Runde wird das Spiel positiv gespielt: „Alle wechseln die Plätze, die schon mal ...

- ... ein anderes Kind in Schutz genommen haben.
- ... zugegeben haben, dass sie gemogelt haben.
- ... beim Wettlauf gewonnen haben.
- ... die oder der Größte in einer Gruppe waren."

Die Platzwechsel sollten schnell aufeinander folgen und nicht kommentiert werden. Erst nach Beendigung des Spiels sollte darüber geredet werden, dass alle schon mal unfair und fair waren und dass alle schon mal verloren und gewonnen haben.

 Wer hat schon mal ...?

Alle Kinder stehen im Kreis. Die Spielleiterin stellt Fragen wie:

„Wer hat schon mal ...

- ... einen Hund ausgeführt?
- ... einen Kuchen gebacken?
- ... einer Nachbarin beim Einkaufen geholfen?"

Alle Kinder, die die jeweilige Frage mit „Ja" beantworten können, treten in die Kreismitte. Sie klopfen sich auf die Brust und verbeugen sich, die anderen Kinder klatschen und jubeln.

Die Spielleiterin sollte Verhaltensweisen aussuchen, für die Kinder im Allgemeinen nicht besonders gelobt werden. Das Spiel kann helfen, über „Leistungen", „Siege und Siegesfeiern" nachzudenken.

 # Geschichten vom Gewinnen und Verlieren

Die Kinder malen Bilder vom Gewinnen und Verlieren und sprechen anschließend darüber. Haben sie solche Ereignisse schon selbst erlebt? Wie haben sie sich dabei gefühlt?

Statt zu malen können Bilder von Sieg und Niederlage auch aus Zeitungen und Zeitschriften ausgesucht und ausgeschnitten und anschließend zu einer Collage zusammengefügt werden.

Variation

Die Spielleiterin erzählt den Anfang einer kurzen Geschichte mit ungewissem Ausgang über ein Kind. Die Kinder sollen zwei verschiedere Ergänzungen finden, eine, in der das Kind verliert, eine andere, in der das Kind gewinnt.

Jedes Kind malt oder schreibt seine Geschichtenergänzungen auf.

Anschließend wird über die Werke diskutiert. Wie entscheidet sich, ob ein Kind verliert oder gewinnt? Was kann man selbst dazu tun?

Material

Papier und (Bunt-)Stifte

 # Standhalten

Die Kinder bilden Zufallspaare. Diese stellen sich einander gegenüber und stellen jeweils den rechten oder linken Fuß versetzt nebeneinander, d.h. rechtes Bein an rechtes Bein, sodass die beiden eher nebeneinander als einander gegenüber stehen. Wenn der rechte Fuß gewählt wurde, werden die jeweils rechten Hände mit den Handflächen aneinander gelegt, wobei die Ellenbogen angewinkelt werden. Es geht darum, den Partner mit dieser Handfläche wegzudrücken. Die Füße bleiben dabei auf ihrem Platz. Körpereinsatz ist erlaubt, solange die Füße an ihrem Platz bleiben.

Bei körperlich ungleichen Paaren wird das Spiel schnell beendet sein und feststehen, wer gewonnen hat. Die Gruppe überlegt gemeinsam, wie die Übung fairer werden kann. Bei zu ungleichen Partnern wird ein Handicap eingebaut, das ein annäherndes Gleichgewicht herstellen soll. Das stärkere Kind nimmt z.B. den freien Arm auf den Rücken, steht nur auf einem Bein o.Ä.

Was bedeutet es, stärker oder schwächer zu sein?

 # Scheingefechte

Es werden zwei Gruppen gebildet, deren Mitglieder gegeneinander „kämpfen". Sie können z.B. miteinander ringen. Die eine Gruppe wird bereits vor dem Kampf zum Sieger, die andere zum Verlierer erklärt und muss sich auch so verhalten. Nach einer bestimmten Zeit wird der „Kampf" beendet.

Anschließend tauschen die Gruppen die Rollen.

Im Auswertungsgespräch wird diskutiert: Was war leichter: Eine absichtliche Niederlage auszuhalten oder einen abgesprochenen Sieg?

Welche Erfahrungen haben die Kinder mit echten „Kampfspielen" oder den sogenannten „Spaßkämpfchen"? Welches Verhalten wünschen sie sich „in echt" vom Sieger oder Verlierer?

 # Habicht und Küken

Die Kinder spielen eine Hühnerschar. Ein Kind, das sich freiwillig meldet, wird zum „Küken" erklärt. Ein anderes Kind wird zum Habicht. Die Gruppe mit dem Küken steht dem Habicht gegenüber. Auf ein Signal der Spielleiterin geht es los. Der Habicht muss möglichst viele Hühner, insbesondere auch das „Küken", abfangen. Die Hühnerschar muss versuchen, die andere Seite des Raumes zu erreichen und dabei das „Küken" zu schützen. Das Kind, das als Erstes die gegenüberliegende Seite erreicht hat, wird im nächsten Durchgang zum Habicht. Das Spiel wird spannender, wenn der Habicht nicht weiß, welches Kind „das Küken" ist.

Nach dem Spiel können Fragen besprochen werden wie: Wie fühlt man sich als „Küken"? Wie fühlen sich Kinder, die Rücksicht nehmen müssen, wenn sie dadurch selbst gefangen werden bzw. den eigenen Sieg verspielen?

Variation

Das Spielprinzip, Schwache zu schützen und dabei eventuell den eigenen Sieg zu verspielen, kann auch in andere Fangspiele eingebettet werden, wie z.B. „Fischer, Fischer, wie tief ist das Wasser …"

 # Ich fairliere, du fairlierst

Die Auseinandersetzung mit und Hinführung zu fairem Miteinander kann auch mit Spaß und ein wenig Blödelei eingeleitet werden. Die Kinder suchen „fairspielte" Wortschöpfungen.

Beispiele

Fairzeihen – Fairantwortung – sich fairbessern – Freude fairbreiten – fairlieren

Die „fairspielten" Wörter können zu weiteren kreativen Ideen anregen. Die Kinder können z.B. Sätze bilden wie „Ich fairliere, aber du fairstehst mich" oder ganze Geschichten erzählen. Ältere Kinder haben sicher auch Spaß daran, ein faires ABC von A wie „Fairantwortung" über N wie „Fairneigung" und S wie „Fairsprechen" bis Z wie „Fairzeihung" zusammenzustellen.

Die spaßigen Wortschöpfungen können durchaus ernsthaft diskutiert werden: Was z.B. könnte mit einer „Faireinbarung" besser gemacht werden als mit einer bloßen „Vereinbarung", mit einer „Fairsicherung" besser als mit einer „Versicherung"?

 # Verlieren riskieren

Jedem Kind wird ein Farbpunkt – rot, grün, gelb oder blau – auf die Stirn geklebt, ohne dass es weiß, welche Farbe es ist. Auch die anderen Kinder dürfen es sich nicht gegenseitig verraten. Im Raum werden fünf Felder gekennzeichnet, eins für jede Farbe und ein „Ich weiß nicht"-Feld.

Nun nennt die Spielleiterin eine Farbe. Kinder, die meinen, das wäre ihre Stirnfarbe, gehen in das entsprechende Farb-Feld. Die Kinder, die sich nicht entscheiden können, gehen auf das „Ich weiß nicht"-Feld. Jedes Kind, das falsch geraten hat, scheidet aus. Jedes Kind, das richtig geraten hat, bekommt einen weiteren Farbpunkt mit einer anderen Farbe dazu geklebt. Bei der nächsten Spielrunde hat es nun doppelt so viele Chancen, den „richtigen" Bereich zu raten.

Mit den Kindern, die ins „Ich-weiß-nicht"-Feld gegangen sind, passiert gar nichts. Sie dürfen bei der nächsten Runde wieder mitspielen. Gewonnen haben die Kinder, die am Ende die meisten Farbpunkte haben und noch im Spiel sind.

Das Spiel ist eine gute Möglichkeit, sich aufs mögliche Verlieren einzulassen und zu lernen, mit Anstand zu verlieren.

Material

Klebepunkte in verschiedenen Farben

 # Glück gehört dazu

Die Kinder bilden zwei Teams. An einer Seite des Raumes stehen zwei Stühle. Auf jedem Stuhl liegt verdeckt die gleiche Anzahl von Zetteln, auf denen verschiedene Zahlen stehen. Die Zahlen sind für beide Gruppen gleich, aber die Zettel wurden vor Spielbeginn gemischt, sodass sie nicht in der gleichen Reihenfolge liegen.

Auf ein Signal der Spielleiterin hin läuft jeweils ein Kind eines Teams zum zugehörigen Stuhl, nimmt dort – ohne darauf zu sehen - einen Zettel und bringt ihn zur Gruppe zurück. Nach einer vor Spielbeginn festgelegten Zeit wird abgepfiffen. Nun werden die Punkte, d.h. die Zahlen auf den „erlaufenen" Zetteln, zusammengezählt. Die Gruppe mit den meisten Punkten hat gewonnen.

Welche Erfahrungen haben die Kinder mit gewinnen und verlieren gemacht? Wie viel Leistung, wie viel Glück steckt hinter dem Sieg? Wie fühlt man sich, wenn die Leistung, d.h. schnelles Laufen weniger zählt als Glück?

Material

ein doppelter Satz von Zetteln mit Zahlen

 # Trostpflaster

Die Kinder sitzen im Kreis. Ein Kind schildert eine – fiktive - Notsituation, es hat z.B. bei irgendetwas Pech gehabt, eine Niederlage einstecken müssen, ist unfair behandelt worden, ist verletzt worden o.Ä. Aus dem Kreis sucht es sich drei Kinder aus und bittet sie um Hilfe, einen guten Rat oder Trost. Die drei Kinder müssen unterschiedliche Vorschläge machen. Daraus sucht sich das „Kind in Not" den hilfreichsten Vorschlag aus. Das Kind, das ihn gefunden hat, wird nun in der nächsten Runde zum „Kind in Not".

Beispiel

Das „Kind in Not" ruft:
„Ich bin beim Wettlauf wieder nur Zweite geworden. Was soll ich nur machen?"
Die drei Kinder, die es um Rat bittet, schlagen vor:
A: „Das macht doch nichts."
B: „Du bist aber schneller gewesen als beim letzten Mal."
C: „Du kannst eben nicht schnell genug laufen."
Das „Kind in Not" entscheidet sich für Ratschlag B. Das Kind B wird nun zum neuen „Kind in Not".

Anschließend wird in der Gruppe darüber gesprochen, welche Ratschläge mehr und welche weniger hilfreich sind. Die hilfreichen Lösungen können einzeln auf Kärtchen geschrieben werden. Sie werden in einem „Erste-Hilfe-Kasten" gesammelt und können bei „echten" Notfällen als „Trostpflaster" dienen. Im „Erste-Hilfe-Kasten" können auf Trostpflastern auch weitere Notfallhilfen aufgehoben werden, z.B. aktuelle Sammelbildchen oder konkrete Hilfsangebote wie „Ein gemeinsames Spiel auswählen" o.Ä.

Faire Spiele für viele

 # Was auf die Ohren

Bei diesem Spiel ohne Worte haben alle die gleichen Chancen, auch wenn sie unterschiedliche Sprachen sprechen oder noch nicht besonders gut Deutsch können:

Alle Kinder sitzen im Kreis. Die Spielleiterin sitzt mit im Kreis und macht das Spiel vor. Sie hält sich beide Ohren zu, das links von ihr sitzende Kind hält sich mit der rechten Hand das rechte Ohr zu, das rechts sitzende Kind hält sich mit der linken Hand das linke Ohr zu. Dann nimmt die Spielleiterin beide Hände von den Ohren und deutet auf ein anderes Kind im Kreis. Dies ist nun Spielleiter und hält sich mit beiden Händen die Ohren zu, die Kinder neben ihm wieder das jeweils benachbarte Ohr. Usw.

Beim Einüben der Regeln dürfen die Kinder sich untereinander helfen, sie dürfen dabei auch miteinander sprechen. Haben alle das Spiel verstanden, darf nicht mehr gesprochen werden. Dann sollte das Spiel schneller und immer schneller werden. Das macht allen Spaß und endet im Allgemeinen in einem Durcheinander der Hände und viel Gelächter.

 # Geldwechsel

Die Kinder stehen im Kreis und halten mit den Lippen eine Spielkarte fest. Einem Kind wird ein Eincentstück auf die Spielkarte gelegt. Dieses Kind balanciert nun das Centstück auf der Spielkarte und versucht, die Münze auf die Spielkarte des nächsten Kindes zu schieben, ohne dabei die Hände zu benutzen. Fällt die Münze dabei zu Boden, wird sie von der Spielleiterin wieder aufgehoben und auf die Spielkarte des nächsten Kindes gelegt.

Der „Geldwechsel" ist ein Balancier-Spiel, das keine besonderen Fähigkeiten oder Kenntnisse voraussetzt und weder Sieg noch Niederlage kennt.

Variation

Auch andere Balancierspiele können so gestaltet werden, dass sie für alle Kinder der Gruppe fair sind. Die Kinder sollen für eine bestimmte (kurze) Zeit einen Gegenstand balancieren, aber nicht alle müssen den gleichen Gegenstand balancieren. Kleinere bzw. motorisch weniger geschickte Kinder erhalten z.B. einfachere Gegenstände, geschicktere oder geübtere schwerer zu balancierende Dinge.

Solche Balancierspiele können auch als Staffel gespielt werden. Die Staffelteams sollten so zusammengestellt werden, dass sich Unterschiede zwischen den
Kindern ausgleichen.

Material

eine Spielkarte für jedes Kind, ein Eincentstück

 # Gemeinsam um die Welt

Die Gruppe beschließt eine bestimmte Strecke gemeinsam zurückzulegen. Sie wollen z.B. einen Halbmarathon, das sind ca. 20 km, oder einen Marathon, das sind gut 40 km laufen. Sie können aber auch eine Strecke, die so lang ist wie die Entfernung zum Ort ihrer Partnerschule, zur Landesgrenze o.Ä. aussuchen oder sogar einmal rund um die Welt laufen – dazu brauchen sie natürlich viele Tage.

Jedes Kind läuft so weit wie es kann. Die Strecken, die die einzelnen Kinder bewältigt haben, werden zusammengezählt – bis die gewählte Strecke erreicht ist. Bei diesem Spiel können alle Kinder mitmachen, sie können schnell oder langsam laufen. Statt zu laufen können sie aber auch im Rolli, auf dem Roller oder dem Fahrrad mitmachen, je nach dem, wie sie sich am Besten fortbewegen können.

 # Gruppen-Rekorde

Die Kinder stellen zu zweit, zu mehreren oder in der ganzen Gruppe die absonderlichsten Rekorde auf.

- die meisten Bilder für eine Collage finden und ausschneiden
- die meisten Steine sammeln
- am lautesten schreien

Es müssen Leistungen sein, die mehrere Kinder besser erfüllen können als ein einzelnes Kind, auch wenn die Kinder unterschiedliche Fähigkeiten haben und unterschiedlich stark oder schwach sind.

 # Handicap-Werfen

In der Gruppe sitzt ein Kind im Rollstuhl oder eins hat sich ein Bein gebrochen? Beim „Sitzwerfen" können alle mitspielen!

Die Gruppe sitzt im Kreis. In die Mitte wird ein Eimer, Korb, Karton o.Ä. gestellt. Im Spiel sind drei verschieden große Bälle. Diese versucht jedes Kind nacheinander in den Behälter zu werfen. Wer schafft es, mit allen Würfen zu treffen?

Sind sehr unterschiedliche Kinder in der Gruppe, können auch Tandems gebildet werden. Dabei bilden immer zwei Kinder Zufallspaare, ihre Wurfergebnisse werden zusammengezählt. Die Paare können für jede Spielrunde neu zusammengestellt werden.

Material

drei verschieden große Bälle, ein Eimer, Korb, Karton o.Ä.

 # Sitzfußball

In der Gruppe sind Kinder, die an Armen oder Händen beeinträchtigt sind? Ballspielen geht trotzdem! Dazu bilden die Kinder zwei Mannschaften, die sich im Abstand von ein bis zwei Metern gegenüber sitzen. Die Abstände zwischen den Stühlen der Nebeneinandersitzenden sollten höchstens so sein, dass sie sich bei seitlich ausgestreckten Beinen noch mit den Füßen berühren können.

Die Spielleiterin lässt einen Ball in den Platz zwischen den Stuhlreihen rollen. Jede Mannschaft versucht nun, mit den Füßen Tore zu schießen bzw. Tore zu verhindern. „Tore" sind die Räume zwischen allen Stuhlbeinen. Wird ein Tor geschossen, wirft die Spielleiterin den Ball in die Gasse zurück. Wird der Ball von einem Kind mit den Händen berührt, bekommt seine Mannschaft dafür einen Minuspunkt.

Material

ein Ball

 # Alles Theater

Theaterspielen können alle Kinder. Die Spielleiterin gibt ein Thema vor, zu dem die Kinder eine Szene stellen oder ein kurzes Spiel gestalten, wobei wirklich alle, die zur Gruppe gehören, eine Rolle spielen. Jedes Kind schlüpft in eine Rolle seiner Wahl. Ihre Fantasie kann darüber hinaus angeregt werden, indem die Spielleiterin zunächst ein Bild zum Thema zeigt, z. B. aus einem der beliebten Wimmelbücher.

Themen-Beispiele

- Betrieb in einem Einkaufszentrum
- eine Zirkusvorstellung
- Besuch in einem Freizeitpark

Darstellungen, bei denen jedes Kind seine Rolle findet, eignen sich wirklich für alle Gruppen mit ganz unterschiedlichen Kindern, nicht-behinderte und behinderte mit unterschiedlichen Behinderungen, deutsch und nicht deutsch sprechende, jüngere und ältere, Mädchen und Jungen.

 # Neckball

Die Kinder stehen im Kreis. Ein Kind geht in die Mitte. Die Kinder im Außenkreis werfen nun einen Ball so hin und her, dass das Kind in der Mitte den Ball nach Möglichkeit nicht erwischen kann. Wenn es den Ball fängt, muss das Kind, das ihn geworfen hat, in die Mitte; beide tauschen die Plätze.

Auch kann der Ball „unfair" geworfen werden, d. h. so, dass das Kind ihn tatsächlich nicht erwischen kann. Z. B. so hoch, dass es ihn auch mit Hochspringen nicht erreicht.

Die Gruppe diskutiert darüber, was „faires" Werfen ist und probiert es mit unterschiedlich großen und geschickten Kindern aus. „Fair" werfen kann bedeuten, bei kleinen Kindern den Ball tiefer zu werfen oder sogar nur zu rollen, sodass sie sich immer noch anstrengen müssen, aber die Chance behalten, den Ball tatsächlich auch zu erwischen.

Material

ein Ball

 # Vampirspiel

Bei diesem Spiel müssen die Kinder nichts sehen, aber alle müssen gute Nerven haben und sich gerne gruseln. Es wird im Dunkeln gespielt oder alle Kinder schließen die Augen oder lassen sich die Augen verbinden.

Alle Kinder schlafwandeln im Raum umher. Die Spielleiterin ernennt ein Kind heimlich zum „Vampir". Trifft der Vampir beim Umherschleichen auf ein anderes Kind, stößt er einen lauten „Vampir"-Schrei aus. Das Kind, das berührt wurde, wird dadurch auch zum Vampir.

Das kann so lange weitergehen, bis alle Kinder Vampire sind – und immer mal wieder laut schreien durften.

 # Spiele vereinfachen

Die Kinder sollen erfahren, dass Spiele für manche Kinder manchmal zu schwer sein können und was dagegen zu tun ist. Sie probieren das mit einem einfachen Spiel:

Die Kinder stehen im Kreis oder Halbkreis. Die Spielleiterin steht außerhalb. Sie wirft einen Ball zu den Kindern und ruft einen Namen. Das betreffende Kind muss in die Mitte oder vor die Kindergruppe gehen und den Ball fangen. Dieser darf vorher nur einmal aufspringen.

Für jüngere Kinder kann das zu schwer sein. Die Gruppe soll Vereinfachungsvorschläge machen und ausprobieren.

Beispiele

- Der Ball darf mehrfach aufspringen.
- Erst wird der Name gerufen und das Kind darf in die Kreismitte kommen, danach erst wird der Ball geworfen.
- Es wird ein größerer Ball verwendet, der leichter zu fangen ist.

Abschließend wird diskutiert:

Warum sind manche Spiele einfach, manche schwierig?

Ist es fair, wenn ein Spiel für unterschiedliche Kinder unterschiedlich schwer ist?

Kennen die Kinder weitere Beispiele, z.B. aus ihrem Alltag?

ein Ball

Don Bosco MiniSpielothek
Klein, fein, alles drin

ISBN 978-3-7698-1919-9

ISBN 978-3-7698-1920-5

ISBN 978-3-7698-1921-2

ISBN 978-3-7698-1922-9

ISBN 978-3-7698-1889-5

ISBN 978-3-7698-1890-1

ISBN 978-3-7698-1891-8

ISBN 978-3-7698-1892-5

ISBN 978-3-7698-1863-5

ISBN 978-3-7698-1864-2

ISBN 978-3-7698-1865-9

ISBN 978-3-7698-1846-8

ISBN 978-3-7698-1847-5

ISBN 978-3-7698-1848-2

ISBN 978-3-7698-1796-6

ISBN 978-3-7698-1797-3

ISBN 978-3-7698-1783-6

ISBN 978-3-7698-1784-3

ISBN 978-3-7698-1786-7

ISBN 978-3-7698-1729-4

ISBN 978-3-7698-1731-7

ISBN 978-3-7698-1613-6

ISBN 978-3-7698-1614-3

ISBN 978-3-7698-1615-0

ISBN 978-3-7698-1531-3

ISBN 978-3-7698-1532-0

ISBN 978-3-7698-1533-7